Anni & Carsten Sennov

Récupère ton pouvoir maintenant!
Le guide sur l'énergie pour parents, enfants et jeunes adultes

good adventures publishing

Récupère ton pouvoir maintenant!
Le guide sur l'énergie pour parents, enfants et jeunes adultes

©2016, Anni & Carsten Sennov et Good Adventures Publishing
Première édition, deuxième impression
Police: Cambria
Mise en page:
Anni & Carsten Sennov - www.good-adventures.com
Couverture: Michael Bernth - www.monovoce.dk
Photo des auteurs: Semko Balcerski - www.semko.dk

Titre original en danois:
Tag din kraft tilbage nu! - Energiguide for børn & unge

Titre en anglais:
Get Your Power Back Now - The Energy Guide for Parents,
Children and Young Adults

Traduction de l'anglais vers le français: Sue Jonas

ISBN 978-87-92549-47-1

Sommaire

Merci...

Nous remercions nos quatre enfants, Sandra, Ask, Julian et Astrid ainsi que les amies d'Astrid, Ditte et Cecilie d'avoir fait des commentaires très positifs sur ce livre.

Nous sommes ravis de savoir que nous avons écrit un livre qui touche vraiment les jeunes, vous qui êtes si différents les uns des autres – nous pourrons donc espérer que beaucoup d'autres jeunes vont aussi aimer ce livre.

Bienvenue!

La plupart d'entre vous, enfants et jeunes adultes a une façon de s'exprimer très claire et très directe ce qui n'est pas le cas de tout le monde, non seulement lorsque vous parlez mais aussi dans votre langage corporel et votre charisme quand vous n'avez pas besoin de parler. On n'a pas du tout besoin de vous connaître pour savoir ce que vous pensez. Il nous suffit de vous regarder pour savoir si quelque chose vous intéresse ou si vous y êtes totalement indifférents, si vous vous ennuyez ou si vous êtes heureux, en colère ou triste.

Comme vous êtes souvent très directs, et beaucoup d'entre vous le sont, il devrait être facile pour la plupart des adultes de communiquer avec vous mais malheureusement tous les adultes ne sont pas aussi directs et honnêtes que vous dans leur façon de s'exprimer. Ils ne sont pas toujours honnêtes avec eux-mêmes, trop souvent ils n'osent pas regarder la vérité en face et accepter la vie telle qu'elle est. Eux, ils trouvent très provocant que vous déclariez qu'il ne peut pas être aussi difficile que ça de décider de changer telle ou telle situation. Il est intéressant de voir que, souvent, les enfants se rendent compte des difficultés de couple des parents plus tôt que les parents eux-mêmes. Il arrive fréquemment que les enfants ne soient pas surpris si les parents divorcent.

Avec votre façon d'être très franche, vous devez parfois vous at-tendre, malheureusement, à ce les rôles soient inversés et à vous comporter de manière plus adulte, responsable ou perspicace que des adultes autour de vous. Peut-être leur donnez-vous de bons conseils et bien sûr, il est formidable que les adultes et les enfants s'entraident! Cependant, en tant qu'enfant ou jeune personne, il ne faut pas oublier qui a vécu le plus longtemps et qui a par conséquent le plus d'expérience de la vie. Si les adultes ne partageaient pas leurs expériences de vie avec vous, tous les enfants et jeunes adultes partout dans le monde reproduiraient les mêmes erreurs et on vivrait peut-être encore dans les grottes. Imaginez ça!

La raison pour laquelle nous avons décidé d'écrire ce livre, c'est de partager avec vous des informations particulières que beaucoup de parents et d'autres adultes n'arrivent pas à expliquer, ni à vous ni à eux-mêmes. Or, l'énergie est notre passion alors nous travaillons avec l'énergie tous les jours. Il est donc facile pour nous d'expliquer aux autres comment ça marche.

Dans ce livre nous expliquons clairement ce qui se passe entre les personnes à un niveau invisible quand nous avons un problème avec les gens qu'on aime le plus ainsi qu'avec toutes les autres personnes que nous rencontrons dans la vie quotidienne. Quand tu vis une expérience qui semble très difficile, il suffirait peut-être de changer quelque chose de très simple afin d'améliorer la situation. Il faut juste savoir ce qu'il faut faire et comment s'y prendre.

Si toi tu veux savoir comment maîtriser ta propre énergie quand tu es en groupe ou si parfois tu te sens seul, tu es tombé sur le bon livre. Nous avons essayé de faire le livre le plus court, le plus simple et le plus facile à comprendre que possible.

Bonne lecture!

Salutations énergétiques positives!

Anni & Carsten Sennov

Les enfants et les jeunes adultes comprennent bien l'énergie

Comme tu es une jeune personne, il est en général plus facile pour toi que pour tes parents de comprendre l'énergie. De plus, il est souvent plus rapide et plus efficace de te servir de ton propre pouvoir et de ta force pour gérer l'énergie que si tes parents devaient le faire. C'est vrai que beaucoup d'entre vous sont nés avec une énergie personnelle très développée et beaucoup plus forte que celle de leurs parents. Votre compréhension des développements énergétiques et technologiques actuels sur notre planète est égalementi plus avancée que la leur.

Vous êtes les adultes du futur et vous avez par conséquent une énergie en vous qui avancera un peu plus loin dans l'avenir que celle de vos parents. En revanche, l'énergie de vos parents est adaptée à ce qui se passe ici et maintenant, afin de pouvoir vous guider, vous les jeunes, pour que vous soyez de bons citoyens du monde. Les bons citoyens essaient de vivre leur vie de manière responsable, équilibrée et réussie pour leur propre bien-être et le bien-être des autres.

Alors vous les jeunes, commencez à gérer votre énergie matin, midi et soir et à chaque fois que vous avez été avec d'autres personnes, à l'école, ou à la maison. Nos quatre enfants font ça depuis des années et même si trois d'entre eux sont presque adultes et deux d'entre eux ne vivent plus à la maison, ils continuent de gérer leur propre énergie. C'est aussi naturel pour eux de surveiller l'énergie que de se laver les dents, manger ou dormir.

Echanges d'énergie

Il existe trois sortes d'échanges énergétiques et si tu les comprends, tu seras rapidement maître de ta propre énergie et de son équilibre et tu t'en sortiras bien quand tu seras avec les autres.

Tu es peut-être en équilibre parfait dans tes relations avec certaines personnes parce que vous vous soutenez et vous aidez de manière égale et vous voulez vous faire du bien mutuellement. Dans ce cas-là les deux parties vont être heureuses.

Ou alors, tu choisis peut-être d'aider les autres parce que tu veux leur faire du bien et que ça te rend heureux. Ils n'ont peut-être pas l'énergie pour t'aider ou pour te rendre quelque chose à leur tour, mais tu te sens très bien parce que tu aimes ces personnes et que tu es heureux de les aider.

Enfin, il y a les voleurs d'énergie-ceux qui te veulent quelque chose et qui ne sont jamais heureux malgré tous tes efforts pour aider ou donner. En fait, passer du temps avec ces personnes-là et essayer de les aider va te mettre de mauvaise humeur. Peut-être qu'elles vont même te prendre quelque chose sans demander ta permission et tu seras de très mauvaise humeur. Eloigne-toi donc de ces personnes-là.

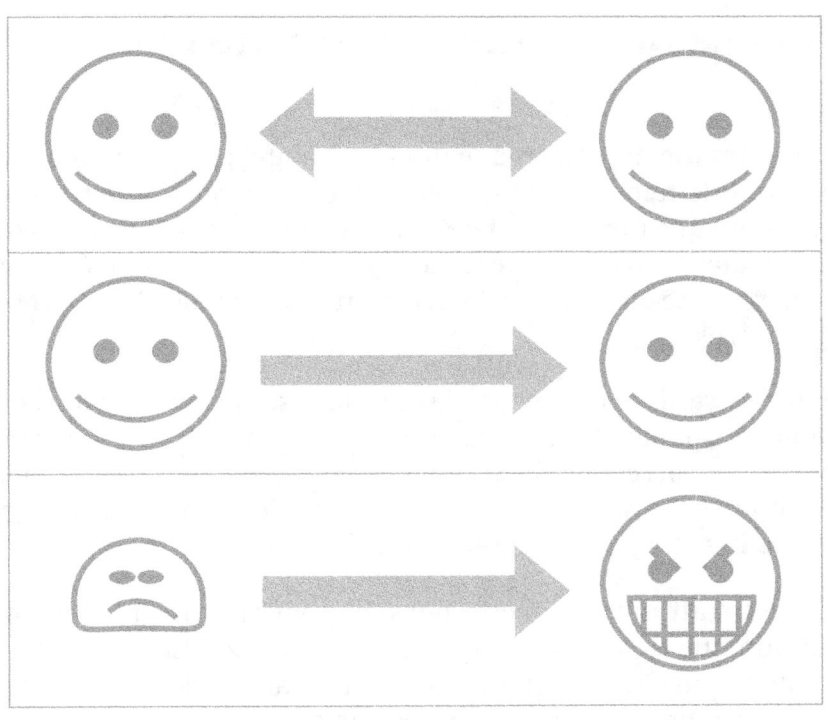

Penses-tu beaucoup trop aux autres?

Peut-être que tu penses à un bon ami, à une petite ou un petit-ami tout le temps parce que tu l'aimes beaucoup, que tu veux l'aider ou que tu t'en inquiètes. Si c'est le cas, il est dangereux de lui donner trop d'attention. Ca augmente son niveau d'énergie et le rend beaucoup plus intéressant que d'habitude aux yeux des autres.

Si tu fais ça, il est bien possible que la personne en question soit moins disponible pour être avec toi. Comme tu penses à cette personne sans cesse, elle va avoir ton énergie autour d'elle et elle n'aura pas besoin d'être autant avec toi. Elle n'aura pas besoin d'être avec toi pour profiter de ton énergie.

On pourrait dire que cette personne vit si bien grâce à l'attention que tu lui donnes qu'elle n'arrive pas à sentir si tu lui manques ou pas. Pour nous, les êtres humains, en règle générale, les personnes importantes à nos yeux nous manquent si elles sont absentes ou occupées à faire autres choses. Alors nous ne ressentons pas leur énergie.

Quand tu donnes beaucoup d'attention à tes meilleurs amis, à ton petit-ami, ta petite-amie ou à d'autres personnes, il est possible que la personne en question se montre avec deux fois plus d'énergie et de charisme que d'habitude. Par contre, toi, tu es seul à la maison avec l'impression d'être oublié et d'être vide à l'intérieur. Ca se passe comme ça parce que ton énergie et ton attention ont été placées sur leur énergie et ça crée du charisme en plus. Tout d'un coup, ces personnes semblent être beaucoup plus attractives et intéressantes qu'elles ne le sont en réalité.

Essaie de t'en souvenir car tu as dû vivre cette expérience au moins une fois dans ta vie, comme beaucoup de gens.

Le plus grand nombre d'entre nous nous aimerait être entouré de personnes qui ont un fort charisme et beaucoup d'énergie à partager et bien sûr que c'est très bien si ceux qui sont très riches en énergie et en charme de tout genre se montrent comme ils sont. Ce qui n'est pas acceptable c'est quand une personne se montre et avec ton énergie et avec la sienne, alors que toi, tu es seul chez toi, impuissant. Elle se sert de ton énergie pour profiter un maximum de la vie.

En outre, elle attire vers elle-même beaucoup de bonnes choses qui auraient pu être partagées entre deux personnes, elle et toi. Or si cette personne se montre avec l'énergie de deux, tu ne vas pas en bénéficier, même si tu soutiens cette personne avec l'énergie de ton attention.

Garde donc ton énergie avec toi à tout moment, les autres peuvent en profiter quand ils sont avec toi. Si on s'amuse avec toi, si tu es sympa et si tu aimes les autres, on va vouloir passer beaucoup de temps avec toi. La conséquence sera que toi tu décideras quand tu vas passer du temps avec tes amis et tu ne passeras plus de temps tout seul à attendre. Dans des bonnes amitiés les choses sont toujours équilibrées.

Comment aider tes amis

Quand tu as de très bons amis et/ou une petite-amie ou un petit-ami ou encore un membre de ta famille que tu veux soutenir dans une situation particulière, tu as sûrement déjà compris que si tu penses beaucoup à une personne et que tu envoies une grande quantité de pensées gentilles vers elle, tu peux l'aider à réussir de manière étonnante! Ca marche pour des examens ou un match de football comme pour une visite à l'hôpital et ainsi de suite.

En revanche, après les examens ou le match de foot, il est important de ne pas oublier de récupérer toute ton énergie en la tirant vers toi pour pouvoir en profiter toi - même. Si tu ne fais pas ça, la personne en question aura ton énergie à sa disposition et pourrait peut-être l'utiliser autrement que comme toi tu l'aurais choisi.

Les gens désagréables et pénibles

Si tu penses beaucoup à quelqu'un qui est désagréable ou qui fait des choses méchantes aux autres, cette personne aura beaucoup d'attention et d'énergie de ta part qu'elle ne mérite pas. Avec tes pensées, tu pourrais créer aussi de la peur autour de ce que cette personne pourrait faire.

Si tu penses à quelqu'un ou à quelque chose de mauvais tout le temps, tu pourrais même attirer de mauvaises expériences et personnes vers toi car tu diriges ton énergie, par tes pensées, vers ce dont tu as peur. Tout d'un coup, la chose dont tu avais si peur arrive, tout simplement parce que tu as lui donné beaucoup d'attention.

C'est aussi un peu comme ça quand tu as peur de rentrer seul le soir après avoir regardé un film d'horreur, car tu donnes tout ton pouvoir à la nuit et aux choses que tu ne vois pas.

Si tu imagines que tu regardes ce film sans le son, tout de suite il fait beaucoup moins peur. Tu réussiras à tenir ton énergie et la peur ne pourra rien gérer à ta place. Après tout, la peur n'est que de l'énergie mal canalisée.

Si tu fais la même chose avec les gens désagréables ou pénibles et qu'au lieu d'écouter toutes leurs histoires négatives tu penses à quelque chose de bien, ils n'auront aucun pouvoir sur toi ni sur ton énergie.

Beaucoup de jeunes font des bêtises juste pour attirer l'attention sur eux, tout simplement parce qu'ils s'ennuient. Peut-être qu'on ne s'occupe pas assez d'eux à la maison ou peut-être qu'ils ont des problèmes chez eux. Le plus souvent, les fauteurs de trouble ne sont que malheureux ou négligés et ils ne font, à leur manière, qu'essayer de se faire remarquer par les adultes. Ils sont rarement vraiment méchants. Si de temps à autres tu leur montres un peu de gentillesse et de respect et que tu leur parles pour leur dire, avec les paroles positives, que tu n'aimes pas ce qu'ils font, ils cesseront d'être si pénibles.

Il faut dire aussi qu'il n'y a pas que des jeunes qui sont très pénibles et qui sèment la zizanie autour d'eux. Les adultes aussi peuvent être comme ça, surtout s'ils n'ont pas suffisamment de stimulation cérébrale au travail ou à la maison. Pour d'autres adultes, travailler avec ces personnes-là peut devenir un cauchemar.

A l'école les professeurs doivent gérer les élèves pénibles (les parents de ces élèves y contribuent aussi) mais les autres membres de la classe peuvent s'impliquer dans la résolution des problèmes. Il est toujours très utile de récupérer son énergie en la tirant vers soi et en l'éloignant des élèves pénibles. Autrement, ceux-ci pourraient remplir la salle de classe avec leur anxiété et leur frustration et cela pourrait gravement nuire à ta concentration ou à tes études.

Ca ne change pas grand-chose si tu donnes de l'attention positive ou négative aux autres ou que tu leur envoies des pensées positives ou négatives. Les pensées sont de l'énergie, rien de plus, et elles marchent exactement comme de l'essence dans une voiture ou un scooter. Plus tu remplis les autres avec l'énergie de ton attention, plus tu leur permets de continuer et plus ils peuvent faire des dégâts s'ils ne sont pas en équilibre. Il est donc beaucoup plus efficace d'ignorer totalement les gens désagréables ou pénibles, tout comme tu devrais éviter de regarder les films d'horreur si ça te fait peur.

Tu ne peux pas ignorer les désagréables et les pénibles en gardant tes distances. Il faut aussi que tu ne penses pas du tout à eux et que tu oublies même d'y penser, comme s'ils n'existaient pas dans ton monde. De cette façon, tu évites aussi d'être la cible de leur méchanceté ou de leurs moqueries.

Comment faire? 1

Imagine que tu renvoies l'énergie à chaque personne et que tu récupères la tienne, qu'elle rentre chez toi.

Plus tu fais ça, plus tu seras efficace pour tenir ta propre énergie. Au minimum tu peux le faire matin, midi et soir et aussi quand tu as été avec tes amis, ta famille, à l'école ou à une fête. En faisant ça, tu commences vraiment à te faire du bien.

Ca prend deux minutes et tu peux le faire n'importe où et à n'importe quelle heure.

Récite la phrase suivante à haute voix ou à l'intérieur de toi ou bien vois tout ça dans ton imagination. Si tu n'arrives pas à la voir dans ton imagination, répète la phrase suivante autant de fois que le temps te permet. Mieux vaut un peu que rien du tout:

Je récupère toute mon énergie personnelle et elle revient vers moi complètement purifiée. Elle revient de tous lieux, personnes et situations. Puis, je renvoie vers les autres sous sa forme originelle toute l'énergie qui ne m'appartient pas.

La journée commence mal

Il arrive que tout le monde, adultes et enfants confondus, commence la journée vraiment mal. Tu es peut-être fatigué ou grincheux, soit parce que tu as mal dormi soit parce que tu penses à quelque chose de pénible.

Puis, quand tu arrives à l'école ou au travail, les choses continuent d'être vraiment désagréables car toutes tes pensées et tes sentiments sont facilement lus par les autres, que tu y croies ou pas.

Il existe des gens qui peuvent ressentir ta mauvaise humeur et d'autres qui arrivent à la voir même si tu gardes tout ça pour toi. Les gens qui vont bien vont garder leurs distances jusqu'à ce que tu ailles mieux, sans pouvoir expliquer pourquoi. Mais ceux qui adorent le conflit et les problèmes prendront un malin plaisir à s'approcher de toi. Ils sentiront qu'ils ont peut-être l'occasion de piquer un peu de ton énergie, comme tu es fatigué et de mauvaise humeur et que tu ne gères pas correctement ton énergie.

Donc, si tu es fatigué, énervé ou grincheux, répète cette phrase autant de fois que possible:

Je suis heureux et toutes les bonnes choses viennent vers moi.

Si tu fais ça, tu n'attireras pas d'attention négative de la part des autres, que ce soit à l'école, dans ton club de sport, ou à la maison. Tu ne seras pas accusé non plus de quelque chose que tu n'avais pas fait juste parce que tu étais moins attentif que d'habitude à ce qui se passait autour de toi.

Donnes-tu trop aux autres?

On ne peut pas trop aimer, mais il est possible d'avoir tellement d'énergie et de puissance et un tel désir d'aider les autres qu'on les étouffe avec son amour, son attention et son aide car eux, ils ne peuvent pas contenir autant d'attention et de bonnes intentions que soi.

C'est peut-être parce que d'autres personnes n'ont pas autant d'énergie que toi. Leur réservoir d'énergie est beaucoup plus petit que le tien alors ça risque de déborder si tu essaies de le remplir avec de l'énergie en plus, même si on a demandé ton aide. Parfois donc, les gens se fâchent quand tu les aides du mieux que tu peux parce qu'ils n'arrivent pas à contenir toute l'énergie et la puissance que tu leur donnes.

Quelqu'un qui a beaucoup d'énergie a la puissance et la force nécessaire pour aider beaucoup de monde. Mais il n'y a pas beaucoup de jeunes qui ont la chance de pouvoir utiliser leur énergie en trop pour aider les autres. Ils sont donc obligés de brûler cette énergie en pratiquant du sport ou une autre activité dont ils sont fans. De cette manière, ils ne risquent pas de trop remplir les autres avec leur énergie débordante.

Pour conclure, si tu ne brûles pas ton 'trop plein' d'énergie en faisant du sport ou une autre activité qui te passionne, tu dois faire très attention à essayer de bien partager ce 'trop plein' avec le plus de monde possible pendant ta journée ou ta semaine. Et n'oublie pas de bien faire revenir ton énergie vers toi à chaque fois que tu quittes quelqu'un. Surtout, ne donne jamais plus d'attention à tes amis ou ta famille, même à tes parents, qu'ils ne puissent tolérer. Sois vigilant et sache que tu dois comprendre, grâce à tes relations avec les autres, ce ils peuvent supporter et

ce qui est trop fort. On te donnera des conseils à ce sujet dans
le prochain chapitre.

Comment faire? 2

Il est facile de voir, d'entendre et de comprendre que les autres se fâchent quand tu essaies de les aider au-delà de ce qu'ils peuvent supporter. Ils se plaignent sans cesse et sont profondément insatisfaits ou bien deviennent méchants et sarcastiques.

Mais quand il s'agit de quelqu'un qui aimerait profiter de ton énergie sans être obligé d'être en ta compagnie, regarde bien pour voir si tout d'un coup, il ne se comporte pas comme d'habitude. Par exemple, il commence à avoir plein de succès et il t'oublie totalement. Ca vaudrait la peine, si c'est le cas, de récupérer ton énergie auprès de cette personne et de lui rendre la sienne.

Il se peut aussi qu'elle change de comportement quand elle est avec toi. Elle commence à ne s'intéresser qu'à elle-même, elle parle plus de plus en plus et de plus en plus fort. Ou bien, tout d'un coup, elle trouve la capacité de faire beaucoup de choses qu'elle ne savait pas faire avant.

L'énergie en surplus qui n'appartient pas véritablement à la personne peut se montrer de plusieurs manières. Par exemple, remarque si la personne commence à faire quelque chose que normalement elle était incapable de faire et sens si cette personne n'est pas en train de consommer ton énergie. Si c'est ton énergie il faut immédiatement commencer à la récupérer. Utilise les techniques que nous avons décrites dans le chapitre *Comment faire? 1*.

Es–tu trop influençable?

Si tu es très sensible il est difficile pour toi d'être avec les gens qui ne sont pas très délicats ou qui sont négatifs dans leurs pensées. Si tu ne prends pas le soin de protéger ton énergie pour ne pas être affecté par leurs pensées et leur manière de parler, tu risques de ne pas te sentir très à l'aise même quand tu n'es plus avec eux.

Si tu as déjà essayé de renvoyer toutes les mauvaises pensées et les façons de parler indélicates mais que tu as l'impression que ça ne marche pas, tu peux essayer de transformer cette mauvaise énergie en énergie positive dont tu pourrais profiter.

Une règle de base très importante quand on travaille avec l'énergie: n'oublie jamais que tu ne dois ouvrir ni ton aura ni ton champ énergétique, afin d'éviter que l'énergie négative puisse accéder à ta propre énergie. Cependant, comme toute cette énergie se promène un peu partout autour de toi, et que les personnes concernées ne veulent rien à voir avec leur énergie négative, tu es tout à fait dans ton droit d'en faire quelque chose de positif pour toi.

Imagine que toute la mauvaise énergie que les autres t'envoient ou qui remplit la pièce se transforme de négative et sombre en positive, lumineuse et joyeuse. Et que c'est vraiment toi qui en profites. Imagine aussi que cette énergie s'installe autour de toi et qu'elle crée encore plus de force et de charisme rien que pour toi!

En réalité, c'est si facile à faire que tu auras du mal à le croire. Le meilleur, c'est que ça marche vraiment!

Apprendre à être autonome

Quand tu veux vraiment quelque chose c'est souvent plus efficace et plus facile si vous êtes plusieurs à travailler ensemble. Par exemple, ce sera beaucoup plus facile de gagner un match de foot si toute l'équipe est d'accord pour discuter et créer des stratégies afin de gérer la situation ensemble.

En revanche, c'est un signe de faiblesse que de se retrouver en bande pour harceler ou embêter quelqu'un qui n'est pas dans la bande, quelle que soit la raison. Ca montre que chaque individu de la bande n'arrive pas à être autonome face à la personne qui se trouve à l'extérieur du groupe. Qui est, alors, le plus faible?

Tous les jeunes se préparent, chacun à sa façon, à devenir adultes car les adultes sont censés être parfaitement autonomes. Après tout, on ne peut pas aller au travail avec sa bande d'amis. Il est donc très bon pour toi d'être autonome dès que tu peux et de pouvoir t'amuser tout seul. Il est aussi important de ne pas t'ennuyer avec toi-même car tu risquerais d'ennuyer les autres à moins que vous soyez d'accord sur le fait que les autres doivent fournir la bonne énergie et générer toutes les bonnes idées quand vous êtes ensemble.

Il est aussi très important pour toi d'avoir de bons amis qui n'ont pas les même points de vue que toi et qui ont été élevés différemment de toi. Ainsi tu apprendras comment bien travailler avec les gens qui vivent et pensent différemment de toi.

Tous les gens sur cette Terre sont différents et il y en a peu qui n'ont pas l'impression d'être un peu différents des autres. Ce serait quand même bizarre si tout le monde se comportait de la même manière ; on s'ennuierait très vite! Les différences rendent la vie palpitante et nous créent des challenges. Il est donc important de trouver la force en toi et aussi dans tes amitiés et d'autres relations, afin de pouvoir vraiment être toi-même.

Sois comme tu es à l'intérieur

N'essaie pas d'imiter tes amis juste parce que tu as l'impression qu'ils sont plus intelligents ou plus solides que toi. Certains font les durs pour impressionner les autres, y compris toi. Si tu es détendu et ne joues pas de rôle, tout le monde va comprendre que ta manière d'être est parfaitement honnête et que tu es tout à fait digne de confiance. Ils peuvent donc être vrais et authentiques en ta compagnie, sans penser à ce que tu vas raconter aux autres après.

En vérité, tout le monde aimerait mieux être apprécié et aimé pour qui il est réellement que faire semblant d'être quelqu'un d'autre.

Tu manques d'énergie?

Si tu es en panne d'énergie, pense à ce que tu as fait et à l'endroit tu as été ainsi qu'aux personnes avec qui tu as passé du temps.

Si tu n'as plus d'énergie après une journée passée devant l'ordinateur, sors, respire un peu et bois beaucoup d'eau. Ca t'aidera à secouer un peu ton corps. Sinon, fais du sport ou une autre activité physique, danse un peu ou va courir car ça augmente aussi ton énergie.

Si tu passes beaucoup de temps devant l'ordinateur, la télé ou si tu as ton téléphone portable ou ton iPad sur tes genoux, tu t'exposes à la radiation, ce qui n'est pas bon pour toi. Il ne faut pas dormir à côté de ton portable, de ton ordinateur ou auprès d'autres appareils électroniques. Loin de tout ça, tu dormiras mieux et ton sommeil sera vraiment réparateur. Parle à tes parents des produits qui protègent de la radiation. Il y en a beaucoup sur le marché à l'époque actuelle.

Si tu as déjà dormi à l'extérieur, tu sais que le sommeil y est très réparateur et que le matin tu te sens vraiment bien. Ce n'est pas seulement le grand air qui crée cet effet-là, c'est aussi le fait de dormir loin de la radiation.

Dans certains lieux si tu te sens fatigué ou irritable c'est peut-être parce que des choses désagréables se sont passées là, que cette énergie y est encore et que ça te dérange. Fais ton possible pour ne pas retourner dans ces endroits-là.

Cependant, si ta fatigue vient du fait que tu fréquentes des gens qui ne contribuent en rien, soit à ta vie, soit au groupe et qui prennent ton énergie, relis les chapitres intitulés *Comment faire? 1* pour savoir comment gérer une telle situation.

As-tu trop d'énergie?

Si tu as vraiment beaucoup d'énergie, tu peux partager le surplus avec tes amis (voir *Comment aider tes amis*). N'oublie pas de récupérer ton énergie en la tirant vers toi dès que tu as donné ce qu'il faut pour aider. N'oublie pas non plus de récupérer ton énergie si tu vois et sens que la personne concernée ne peut plus recevoir sans être reconcentrée sur elle-même.

Si l'énergie entre toi et un de tes amis est équilibrée ou si vous avez chacun beaucoup d'énergie, il est inutile de se donner de l'énergie (à quoi ça sert d'en donner ou d'en recevoir de l'énergie si chacun en a déjà trop?). Ce serait une meilleure idée d'utiliser ton 'trop plein' d'énergie pour aider quelqu'un d'autre qui aurait besoin d'un coup de main.

Il y a beaucoup de façons d'aider si tu en as envie. Cependant, il est très important que tu te serves de cette énergie pour faire quelque chose qui est agréable pour toi, sinon tu risques de perdre la joie que tu avais à aider les autres.

Si tu as tant d'énergie que tu n'arrives pas à la gérer et qu'alors cette énergie s'exprime de manière non-constructive, nous te conseillons d'abord de te concentrer pour récupérer toute ton énergie laissée à toutes les personnes, lieux, situations où tu as pu l'utiliser de manière maladroite. N'oublie jamais de nettoyer ton énergie avant de la récupérer. Pour ce faire, tu peux imaginer qu'elle passe à travers un filtre avant de regagner ton champ énergétique.

Ensuite tu dois récupérer ton énergie laissée à toutes autres, personnes, lieux et situations et ici aussi, il est très important de nettoyer l'énergie avant de la faire revenir dans ton champ énergétique.

Et puis respire profondément plusieurs fois, de préférence à l'extérieur, en plein air.

Enfin, tu décides comment tu veux dépenser ton énergie en cherchant en toi pour voir ce qui te passionne vraiment.

Peut-être veux-tu apprendre un instrument de musique, faire du théâtre ou du hip-hop. Ou peut-être es-tu fan de motocross et veux-tu ressentir la vitesse et l'excitation sous ta peau. Peut-être que tu aimes aider les autres, même si tu n'es pas encore adulte. Mais qui dit que tu dois être adulte pour commencer quelque chose de grand dans ta vie? De nos jours il est facile de partager son message avec le monde entier par internet. Si tu as une idée ou quelque chose de très intéressant à partager avec les autres ou bien si tu chantes comme un ange, tu n'as qu'à tourner un petit clip sur ton portable et le mettre ensuite sur YouTube. Si tu fais quelque chose de brillant alors tu auras beaucoup de commentaires positifs. Et si c'est quelque chose de mauvais alors personne ne regardera. C'est aussi simple que ça!

Il se peut que tu sois incapable de comprendre comment te servir de ton énergie de manière sensée et équilibrée en compagnie des autres. Ca ne veut pas dire que ton énergie est 'mauvaise' mais plutôt que tu dois avoir besoin d'aide et de conseils pour pouvoir changer. Si ce livre ne t'aide pas un petit peu alors nous te conseillons de discuter un peu avec des adultes afin de pouvoir comprendre comment bien gérer ton énergie de manière satisfaisante. Parle avec tes parents mais aussi avec d'autres adultes, tes professeurs, les parents de tes amis, tes voisins car il est souvent intéressant et utile d'entendre ce qu'ils ont à dire. Ces gens-là ont certainement un vécu qui est différent de celui de tes parents et ils peuvent donc partager les fruits de leurs expériences avec toi. Peut-être que ce sera exactement ce dont tu as besoin pour avancer dans la vie de manière positive!

Fais toujours le ménage quand tu pars

Pour être poli et respectueux envers les autres, il faut toujours faire son ménage énergétique avant de partir et reprendre aussi sa propre énergie. C'est valable quand tu as été chez quelqu'un mais aussi après des activités extra-scolaires. Il ne faut pas partir en toute vitesse sans vérifier qu'on n'a rien oublié.

C'est comme si tu étais invité chez quelqu'un et que tu aidais à débarrasser la table pour que les autres, famille, amis, parents des amis ne soient pas obligés de débarrasser à ta place.

Si tu gères bien ton énergie auprès des autres, ce sera beaucoup plus facile pour toi de bien équilibrer ton 'compte énergétique' quotidien afin que les autres n'aient pas à le faire à ta place.

Merci pour ce moment
passé ensemble

Nous croyons que c'est de la responsabilité des parents de vous montrer, à vous les jeunes, dès que vous êtes capables de comprendre, comment les choses sont toutes connectées dans le monde. Ca dépend, bien sûr de leurs connaissances à ce sujet. Cependant leur but majeur est de vous guider pour que votre vie soit la meilleure possible et aussi de vous aider à trouver des solutions aux problèmes que vous rencontrez pendant l'enfance et l'adolescence. Après tout, ce sont eux qui vous ont fait venir ici!

Nous savons aussi que beaucoup de parents ou d'autres adultes ne comprennent pas vraiment les connections énergétiques dont on a parlé dans ce livre. Nous vous conseillons vivement de partager le contenu de ce petit livre avec vos parents. S'ils l'ont déjà lu, vous pourriez peut être en parler entre amis.

Merci d'avoir lu ce livre. Nous espérons vous revoir une autre fois. A bientôt!

Et maintenant?

Tu peux commencer à utiliser tous les jours ce que tu as appris ici. Même si au début c'est difficile de se souvenir de tout, au fur et à mesure ça deviendra tout à fait naturel de gérer ta propre énergie. Si tu persistes tu seras même énervé contre toi-même lorsque tu auras oublié car l'oubli peut créer des problèmes idiots qu'on peut facilement éviter. Donc n'oublie **JAMAIS** de gérer ton énergie!

Et si ça te dit, n'hésite pas à aider les autres en partageant ce que tu as appris ici. Tu pourrais donner ce livre à un copain ou une copine comme cadeau original ou même à quelqu'un de ta famille car plus il y a de personnes qui gèrent et qui trient leur énergie, mieux ce sera pour tout le monde.

Bien sûr, si tu es curieux et si tu veux en savoir plus, tu peux regarder nos sites web.

Nous organisons aussi des stages, auxquels tes parents aimeraient peut-être participer.

www.sennovpartners.com

www.annisennov.com (livres et articles)

www.fourelementprofile.eu (stages)

www.good-adventures.com (maison d'édition)

Nous recommandons aussi ce livre

Le petit guide de l'énergie 1
Occupez-vous bien de votre énergie

Anni & Carsten Sennov